MW00915964

ISBN: 9798884352063
Sello: Independently published .

Título: 11 Guías Completas. Meditaciones Reiki
para expandir tu Luz y elevar tu Energía de
Sanación. Para Meditadores, Maestros y
Sanadores.

Autora: Virginia Cristal
1ª Edición. Marzo 2024
Alma de la Felicidad

11 GUÍAS COMPLETAS.

MEDITACIONES REIKI
PARA EXPANDIR TU LUZ
Y
ELEVAR TU ENERGIA
DE SANACIÓN.

Para Meditadores, Maestros y Sanadores.

Virginia Cristal

Alma de la Felicidad

Dedico este libro
a todas las personas
que en estos tiempos que corren,
se dedican a estar al servicio,
llevar la paz al mundo
y hacer el bien a los demás.

Gracias por dar tu Luz.
Virginia Cristal

Índice.

"Con cada inhalación,

me conecto

con la energía universal de sanación,

con cada exhalación,

libero y dejo ir,

todo lo que ya no me sirve".

Introducción.

Vamos a emprender un viaje juntos, hacia la sanación del cuerpo, la mente y el espíritu.

A través de poderosas prácticas de meditación, descubrirás cómo puedes conectarte con la energía universal de sanación para nutrir tu alma, equilibrar tu ser y despertar tu potencial más elevado.

Si has aprendido sistemas de sanación energética con energía universal, como puede ser Reiki, otras técnicas o simplemente sientes curiosidad, este libro puede serte muy útil para expandir tu potencial, tus capacidades, tu luz y energía de sanación.

Todo es energía.

Reiki es un sistema de canalización de energía universal que aporta un reequilibrio en la energía sutil y vital del cuerpo, mente y espíritu.

A veces, en determinados momentos de la vida, podemos sentir que la energía que tenemos en nuestro día a día, se gasta, no es suficiente y no somos capaces de recuperarla mediante el descanso, sueño, el contacto con la naturaleza, la luz del sol, la nutrición... Un disgusto, situaciones de estrés... pueden hacer que perdamos energía.

Gracias a las siguientes guías de meditación, conseguirás recuperar tu energía, tu poder, conectar y desarrollar tus habilidades como persona medicina, sanadora. Canalizando, direccionando con tus buenas intenciones y corazón amoroso, la energía universal, la energía vital sanadora hacia ti y hacia los demás.

Las siguientes meditaciones, son una forma creativa de canalizar energía universal, de trabajar en nosotros mismos, mantener el equilibrio y sumar elevando la frecuencia del planeta con nuestras vibraciones positivas.

Cada meditación está dedicada a un propósito en especial. Te guiará hacia un estado de paz, amor y plenitud. Ofreciéndote un templo sagrado de cobijo, un espacio donde poder habitar sin capas superfluas. Desde este espacio de meditación, podrás conectar con tu verdadero ser, amplificando tu energía, encontrando la sanación en todos los niveles de tu vida.

EXPANDE TU LUZ.

"A través de la meditación
con la Energía Universal,
libero el pasado,
abrazo el presente
y confío en el futuro.
Sé que estoy siempre
rodeada de amor
y protección".

1ª

<u>Guía completa.</u>

Meditación y Visualización
de la Luz Reiki:
La Magia de la Sanación
Universal.

Te doy la bienvenida a este espacio sagrado de meditación, donde te conectarás más profundamente con la energía universal de sanación.

La visualización de la energía de luz Reiki, es una práctica que nos permite conectarnos con la energía universal sanadora, canalizar su poder curativo hacia nosotros mismos y hacia los demás.

A continuación, vamos a comenzar explorando cómo practicar la visualización de la luz Reiki y cómo integrarla en nuestra vida diaria para cultivar mayor paz, armonía y bienestar en todos los aspectos de nuestra existencia.

1. Preparación:

Antes de comenzar con la práctica de la visualización de la luz Reiki, encuentra un lugar tranquilo, un espacio agradable para ti, donde puedas sentarte o acostarte sin distracciones.

Enciende una vela, incienso o puedes colocar cerca de ti algún cuarzo blanco o rosa. Toma los elementos que te ayuden a crear un ambiente propicio, que te inspire para realizar la práctica.

Asegúrate de que tu postura sea cómoda, que tu cuerpo esté relajado y al mismo tiempo atento, para recibir la luz de la energía universal.

Puedes cerrar suavemente los ojos para ayudarte a enfocar tu atención hacia adentro.

2. Centrarse en la Respiración:

Respira profundamente.

Toma unos momentos para sintonizar con tu respiración, observa cómo respiras, cuál es tu ritmo, toma contacto con tu ser.

Permite que cada inhalación y exhalación, te traigan más profundamente al momento presente.

Con cada inhalación, imagina que estás respirando luz de sanación. Permite que se expanda, llegando hasta cada célula de tu cuerpo, iluminando todos los rincones y profundidades de tu ser.

Con cada exhalación, suelta y libera cualquier tensión o preocupación que puedas estar reteniendo, permitiendo que tu cuerpo y mente se relajen completamente.

3. Invocación de la Luz Reiki:

Visualiza una esfera brillante de luz dorada que desciende desde el cielo y se posa suavemente sobre ti, sobre tu cabeza. Ésta es la luz Reiki, la energía universal de sanación que todo lo abarca y llena.

Siente cómo esta luz sanadora va descendiendo llegando hasta tu cuerpo, envolviéndote en su cálido abrazo amable, reconfortante, llenándote de amor, paz y bienestar.

Con cada respiración, permite que esta luz te rodee, llene más y más todo tu ser, disolviendo cualquier bloqueo o energía densa.

Tu respiración es tranquila, fluida, no tienes que hacer nada, no requiere ningún esfuerzo, todo ocurre de manera natural. El aire entra y sale de tus pulmones en una suave y armoniosa danza.

4. Canalización de la Luz Reiki:

Una vez que te sientas completamente envuelto en la luz de sanación, comienza a visualizar cómo esta energía fluye a través de ti, creciendo hacia tu entorno más cercano y las personas que te rodean en tu día a día.

Visualiza cómo esta luz se expande desde tu corazón, irradiándose hacia afuera, creando un campo de amor y sanación a tu alrededor.

Poco a poco ve ampliando la onda de energía sanadora, llegando más y más lejos.

Siente como estás siendo utilizado, eres un alma elegida, para canalizar la energía, como un enorme faro de luz. Permitiendo que fluya libremente hacia cualquier persona, lugar o situación que necesite sanación.

5. Sanación del Cuerpo, la Mente y el Espíritu:

Retorna, vuelve ahora a tí. Enfoca tu atención hacia cualquier área de tu cuerpo, mente o espíritu que necesite sanación, atención, calma, amor...

Visualiza la luz Reiki fluyendo hacia esa zona, disolviendo cualquier bloqueo o tensión, restaurando el equilibrio, la armonía en todos los niveles y planos de tu ser.

Siente cómo esta cálida y agradable luz de sanación te envuelve en su abrazo, llevándote a un profundo estado de relajación y bienestar. Quédate ahí disfrutando de esas sensaciones el tiempo que desees.

6. Cierre de gratitud:

Al finalizar tu práctica de visualización de la luz Reiki, tómate un momento para expresar gratitud por la sanación y el amor que has recibido.

Da las gracias por su presencia amorosa, por su guía, por su acompañamiento, en tu camino de sanación y crecimiento espiritual.

Envía bendiciones, energías con lindas intenciones, de amor y sanación a ti mismo, a tus seres queridos y a todos los seres del universo.

Respira profundamente, siéntete en paz y en armonía con la vida.

"En cada respiración consciente,
encuentro la calma en medio del caos,
la sabiduría en medio de la confusión
y la luz en medio de la oscuridad.
Con cada respiración,
abrazo la transformación,
permitiendo que mi ser brille
con una nueva luz y vitalidad".

2ª

Guía completa.

Meditación de la Respiración
Consciente:
El Arte de Conectar
con la Vida.

Te doy la bienvenida a esta meditación guiada, dónde exploraremos cómo practicar la respiración consciente.

Podemos integrarla en nuestra vida diaria para cultivar mayor paz, claridad mental y bienestar emocional.

La respiración consciente es una práctica ancestral que nos permite conectar con nuestro ser más profundo y con la fuente de la vida.

Comencemos la meditación...

1. Preparación:

Antes de comenzar con la práctica, encuentra un lugar tranquilo y cómodo donde puedas sentarte o acostarte sin distracciones, ni ser molestado.

Asegúrate que tu postura sea cómoda y tu columna vertebral esté recta pero relajada. Puedes cerrar suavemente los ojos para ayudarte a enfocar tu atención hacia adentro. Recorre mentalmente tu cuerpo de los pies a la cabeza, relájalo más y más. Relaja también la expresión de tu rostro, tus ojos, labios, frente...

2. Conciencia Corporal:

Toma unos momentos para sintonizar con tu cuerpo y observar si hay, cualquier tensión o incomodidad que puedas estar sintiendo.

Con cada inhalación, imagina que estás inhalando luz y energía fresca renovadora, que se expande por todo tu cuerpo, aliviando cualquier sensación de rigidez o malestar.

Con cada exhalación, permite que cualquier tensión o preocupación se disipe y disuelva, dejándote sentir más relajado y en paz.

3. Observación de la Respiración:

Comienza a observar tu respiración sin intentar cambiarla. Siente como sin necesidad de hacer nada, el aire entra y sale de tu cuerpo, de manera natural y automática a través de tu nariz.

Observa el ritmo natural de tu respiración, cómo se expande y contrae tu abdomen con cada inhalación y exhalación.

Al inhalar tu vientre se hincha como un enorme globo, al exhalar de deshincha y tu cuerpo se relaja más y más. Tu mente se calma y aclara.

Siente la energía del aire fresco renovador al entrar en tus pulmones y la calidez al salir.

4. Respiración Profunda:

A medida que te sientas más cómodo con la observación de tu respiración, comienza a hacer respiraciones más profundas, largas y conscientes.

Inhala lentamente por la nariz, permitiendo que el aire llene tus pulmones y se expanda por todo tu cuerpo, llegando a tus brazos, piernas... Siente cómo tu pecho, tu diafragma y tu abdomen se elevan suavemente con cada inhalación.

Como si fuera una danza, el aire entra y sale nutriendo tu cuerpo.

Exhala lentamente por la boca, liberando cualquier tensión, emoción o preocupación que puedas estar reteniendo.

Observa el espacio de vacío, en blanco, cuando el aire sale completamente de tu cuerpo y entra de nuevo. El espacio que hay entre la exhalación y la siguiente inhalación.

Repite este proceso varias veces, permitiendo que cada respiración te lleve más profundamente hacia un estado de relajación, armonía y bienestar.

5. Ritmo:

Experimenta con diferentes ritmos y de respiración para encontrar lo que funciona mejor para ti.

Puedes probar inhalar durante un conteo de cuatro segundos, mantener la respiración contando cuatro y exhalar en cuatro.

O puedes experimentar con ritmos más lentos o más rápidos según tus necesidades y preferencias.

Escucha tu cuerpo, ajusta tu respiración. Observa con que ritmo te encuentras más cómodo y agusto respirando.

6. Focalización de la Atención:

A medida que practiques la respiración consciente, es posible que notes que tu mente tiende a divagar y a distraerse con pensamientos o preocupaciones. Cuando esto suceda, simplemente retorna tu atención a tu respiración, sin juzgar tus pensamientos o criticarte a ti mismo.

Recuerda que la práctica de la respiración consciente es simplemente observar tu experiencia presente con aceptación y amabilidad.

7. Cierre de gratitud:

Agradece al aliento vital por fluir a través de ti. A la energía que nutre cada una de tus células.

Tómate el tiempo que necesites para ir volviendo de este viaje.

Poco a poco ve moviendo tus dedos, activando suavemente tu cuerpo y abriendo tus ojos.

La respiración consciente nos permite reconectar con la esencia misma de la vida, encontrar paz y claridad.

Puede ayudarte a mantenerte presente y enraizado en el momento, el aquí y el ahora, incluso en momentos difíciles y el ruido de la vida cotidiana. Es normal que a veces nos olvidemos de prestar atención a cómo respiramos. Incluso hay personas que me cuentan que en momentos difíciles, con determinadas personas o en conversaciones complicadas dejan de respirar.

Observa el ritmo de tu respiración y retorna a ti, no te olvides de respirar y de observar que sucede en tu cuerpo, emociones, energía...

Mantén la conexión consciente con tu ser.

"En la quietud de la meditación sanadora,
encuentro la claridad y la guía,
para andar mi camino
con confianza, seguridad
y determinación".

3ª

<u>Guía completa.</u>

Meditación de Manos Reiki: El Poder de la Sanación en Tus Manos.

Querida alma de luz, en la siguiente guía, vamos a trabajar para incrementar la energía de sanación en las manos.

La meditación de manos Reiki es una maravillosa práctica que nos permite canalizar y aumentar la energía universal curativa a través de nuestras manos.

Con la práctica constante, podemos apreciar en cualquier momento y sin dificultad, nuestro potencial, como canales de luz y sanación en la tierra.

Comencemos la meditación...

1. Preparación:

Antes de comenzar con la meditación de manos Reiki, encuentra un lugar tranquilo donde puedas sentarte cómodamente sin distracciones. Enciende una varita de incienso o toma cualquier otra herramienta que te inspire y ayude a crear un ambiente propicio para la práctica.

Asegúrate de que tu postura sea cómoda y que tus manos estén relajadas pero alerta para recibir la energía universal sanadora en ellas.

Puedes cerrar suavemente los ojos para ayudarte a enfocar tu atención hacia adentro.

2. Conexión con la Respiración:

Toma unos momentos para sintonizar con tu respiración, permitiendo que cada inhalación y exhalación, te traigan más conscientemente al aquí y el ahora, al momento presente.

Con cada inhalación, imagina que estás inhalando luz, energía renovadora, que se expande por todo tu cuerpo, llenándote de vitalidad y bienestar.

Con cada exhalación, libera cualquier tensión o preocupación que puedas estar reteniendo. Permite que tu cuerpo y mente, se relajen completamente.

3. Activación de las Manos:

Dirige tu atención hacia tus manos, coloca las palmas hacia arriba. Comienza a observar y sentir la energía que fluye a través de ellas.

A continuación, colócalas con las palmas juntas, frótalas suavemente para activarlas creando calor y así aumentar el campo de energía sanadora entre ambas. Prueba a separarlas suavemente y a intentar juntarlas de nuevo, observa que sucede, si sientes alguna energía entre ellas, densidad, calor, resistencia...

Ahora por unos minutos, siente la vibración que emanan, que desprenden tus manos mientras te preparas para canalizar la energía universal.

4. Llamada a la Energía Universal:

Mentalmente visualiza, imagina, una luz brillante dorada pacificadora, amorosa, revitalizadora... que desciende desde el universo y se posa amablemente sobre ti. Es la energía universal de sanación que todo lo abarca y llena.

Siente cómo la luz te envuelve abrazándote, inundándote de amor, paz, bienestar y armonía.

Con cada respiración, permites que la luz fluya a través de ti, hacia tus manos, llenándolas aún más, preparándote para canalizarla, hacia donde sea más necesaria.

5. Canalización de la Energía:

Coloca ahora tus manos, sobre cualquier zona de tu cuerpo, que necesite sanación. Puedes dejar que intuitivamente se dirijan solas hacia algún lugar.

Permite que la energía universal sanadora, se mueva libremente a través de tus manos, que fluya hacia esta área en concreto, llenándola, disolviendo cualquier bloqueo, obstáculo o tensión que pueda haber. Restaurando al mismo tiempo, el equilibrio, la armonía y la perfecta salud en todos los niveles de tu ser.

Si en algún momento sientes, que tus manos se mueven solas hacia una zona cercana, permite que lo hagan, que vayan direccionando la energía universal donde más sea necesario en tu cuerpo y permite que se vaya relajando.

Siente cómo la cálida vibración sanadora se expande más y más, llenándote y regenerándote. Llevándote a un estado de paz y bienestar.

6. Cierre de gratitud:

Para finalizar la práctica de meditación de manos Reiki, tómate unos momentos para expresar gratitud por la sanación y el amor que has recibido. Da las gracias a la energía universal, por su presencia amorosa y su guía, en tu camino de sanación y crecimiento espiritual. Envía bendiciones, pensamientos de amor y sanación hacia ti mismo, a tus seres queridos y a todos los seres del planeta en el que vivimos, haciéndolo un lugar mejor para vivir.

Confía en tu intuición y permite que la energía universal fluya a través de ti siempre que sientas "el llamado" de sanar, de recibir sanación, paz... de mejorar tu vida y la de los demás.

Que esta meditación, te inspire a explorar e intensificar, la consciencia y el poder de la sanación en tus manos, a vivir una vida de amor, paz y plenitud en todos los niveles de tu ser.

"En cada sesión de meditación,

permito,

que la energía universal de sanación,

penetre

en las capas más profundas de mi ser,

disolviendo viejos patrones

y creencias limitantes".

4ª

Guía completa.

Meditación de Renovación:
Brillando
en la Transformación Profunda.

Te doy la bienvenida a este espacio sagrado de meditación, donde nos sumergiremos en el poder de la transformación profunda.

Aquí, permitiremos que la energía universal de sanación, nos guíe a través de un proceso de renovación interna, liberando lo antiguo para dar paso a lo nuevo.

Adentrémonos en la meditación...

1. Preparación:

Comencemos esta meditación encontrando un lugar cómodo sin distracciones. Toma una posición cómoda y agradable, permitiendo que tu cuerpo se relaje y la mente se aquiete.

Puedes cerrar suavemente los ojos para ayudarte a enfocar tu atención hacia adentro.

Con cada respiración, nos sumergimos más profundamente en el momento presente, dejando ir las tensiones y preocupaciones del pasado y del futuro.

2. Conexión:

Conecta con la fuente infinita de amor y sanación. Permite que su luz te envuelva y guíe en este viaje de transformación. Esta meditación es un acto de amor propio, permite liberar lo que ya no te sirve y abrazar la plenitud de tu ser verdadero.

3. Visualización:

Imagina que te rodea una luz brillante y purificadora, una luz que penetra en las capas más profundas de tu ser. Con cada inhalación, permite que esta luz disuelva, purifique tu cuerpo y tu mente. Liberando cualquier resistencia interna, viejos patrones de pensamiento y creencias limitantes.

Siente cómo cada célula de tu cuerpo se ilumina con esta energía transformadora, brillando con una nueva vitalidad y claridad. Poco a poco, sentirás que la luz de la transformación te guía hacia un estado de mayor plenitud y autenticidad.

4. Reflexión:

En este momento de silencio y contemplación, reflexiona sobre los aspectos de ti mismo que deseas transformar.

¿Qué viejos patrones o creencias limitantes estás listo para dejar ir? ¿Qué nuevos aspectos de tu ser quieres cultivar y nutrir?

Al igual que en la naturaleza, reconoce que la transformación es un proceso continuo, de crecimiento y evolución. Con amor y compasión, permítete soltar, abrazar tu ser, valorar tus dones, talentos, fortalezas y el potencial ilimitado que reside dentro de ti. Recuerda que eres un ser único.

5. Celebración:

Con alegría en tu corazón, celebra el poder de la transformación y el renacimiento en ti. Cada paso que das, es hacia una mayor autenticidad y plenitud.

Elevando tu vibración por encima de las debilidades, de lo que resta... Centrándote en lo que te hace feliz, en la plenitud que sientes, en lo que te suma, te hace crecer y te ayuda a avanzar.

Cerrando las puertas definitivamente de lo que no te hace bien, permites que se abran puertas nuevas, hacia nuevos horizontes, hacia lo que te suma, hacia una vida más plena y feliz.

En este momento de celebración, reconoce tu capacidad para crear una vida llena de amor, abundancia, alegría y propósito.

6. Cierre de gratitud:

Con profunda gratitud por esta experiencia de transformación, lleva contigo el recuerdo de esta meditación en tu corazón. Que la luz y la vitalidad que has cultivado durante la sesión, te acompañen en tu viaje, recordándote siempre tu poder para crear la vida que deseas de abundancia de todo lo bueno y plenitud.

Cuando estés listo, suavemente abre los ojos. Lleva contigo la sensación de renovación y vitalidad a lo largo de tu día.

Que la luz de la transformación siga brillando en tu corazón, recordándote siempre la belleza y el potencial ilimitado que reside dentro de ti. Que continúe floreciendo en tu vida, guiándote hacia un estado de mayor amor, paz y realización.

Que así sea, así es y así será.

"En la quietud de la meditación
con la energía universal,
encuentro la curación
que anhela mi cuerpo,
la serenidad que busca mi mente
y la paz que anhela mi corazón".

5ª

<u>Guia completa.</u>

Meditación del Corazón:
El Amor Incondicional
que Todo lo Cura.

Desde un espacio de paz y amor interno hacia nosotros mismos, vamos a viajar a través de la meditación del corazón, para cultivar mayor calma, compasión y bienestar.

La meditación del corazón nos conecta con el amor incondicional que reside en nuestro interior. Nos permite expandir este amor hacia nosotros mismos y hacia el mundo que nos rodea.

Puedes cerrar suavemente los ojos para ayudarte a enfocar tu atención hacia adentro.

Comencemos la meditación...

1. Preparación:

Encuentra un lugar tranquilo donde puedas sentarte o acostarte cómodamente sin distracciones. Enciende una vela, incienso o cualquier otra herramienta sagrada que te ayude a crear un ambiente propicio para la práctica. Asegúrate de que tu postura sea cómoda y que tu columna vertebral esté recta pero relajada.

2. Conexión con la Respiración:

Toma unos momentos para sintonizar con tu respiración, permitiendo que cada inhalación y exhalación te traigan más profundamente hacia el momento presente.

Con cada inhalación, imagina que estás inhalando luz y amor, que llenan tu corazón y se expanden por todo tu ser.

Con cada exhalación, libera cualquier tensión o preocupación que puedas estar reteniendo, permitiendo que tu cuerpo y mente se relajen completamente.

3. Activación del Corazón:

Dirige tu atención hacia tu corazón y siente la energía que emana de él. Puedes colocar tu mano sobre tu corazón si lo deseas, para sentir su latido y su calor. El latido de tu corazón marca el ritmo de tu respiración.

Visualiza una luz brillante de color verde, rosa o del color que sientas y primeramente te venga a la mente. Siente como esta luz brilla en el centro de tu pecho, te ilumina y proporciona un calor agradable. Esta es la luz sanadora del amor incondicional, que todo lo abarca y todo lo cura. Siente cómo se expande en ti, envolviéndote en su cálido abrazo, llenándote de amor, bondad, compasión, gratitud y todo lo bueno que seas capaz de imaginar.

Respira profundamente y tómate tu tiempo.

4. Invocación del Amor Incondicional:

Relájate un poquito más si puedes, busca la comodidad.

Abre tu corazón y permite que el amor incondicional fluya y se expanda libremente, llenando tu cuerpo, tu mente y todas las áreas de tu mundo personal.

Visualiza a tus seres queridos, a tus amigos, tu hogar, trabajo... envueltos en esta luz amorosa y sanadora.

Siente cómo el amor incondicional se expande a través de tí, transformando cualquier memoria de dolor o sufrimiento, en amor, paz y bienestar.

5. Expansión del Amor:

Expande tu amor incondicional más allá, abraza a toda la humanidad, a la naturaleza... Visualiza a todas las personas, animales y plantas del mundo envueltos en esta luz amorosa y sanadora, habitando felices en cooperación, cuidado y ayuda mutua. Siente cómo el amor incondicional trasciende todas las fronteras y divisiones, uniendo a todos, en un profundo abrazo de unidad y conexión.

Respira profundamente.

6. Cierre de gratitud:

Al finalizar tu práctica de meditación del corazón, tómate un momento para expresar gratitud por el amor incondicional que has recibido y compartido. Da las gracias a tu corazón por su generosidad y compasión. Agradece al universo por su abundante amor y bondad.

"Cada sesión de meditación
con energía universal,
es un acto de amor y autocuidado,
donde me permito recibir la sanación
que necesito en este momento de mi vida,
aquí y ahora.
Hecho está".

6ª

<u>Guía completa.</u>

Meditación de la Gratitud: El Poder Transformador de la Apreciación.

Te doy la bienvenida a esta nueva guía, estamos en la mitad del libro. Recibe la meditación de la gratitud como un regalo, que te proporcionará mayor alegría, bienestar, plenitud y felicidad.

La meditación de la gratitud nos conecta con la abundancia y la belleza que nos rodea en todo momento, aunque a veces no nos demos cuenta, están ahí. Sólo tenemos que mirar con los ojos del corazón y buscar lo bueno en cada situación que se presenta.

Hace unos días, me preguntó una amiga para ante una situación complicada, ¿qué hacer? Un decreto metafísico que me enseñó mi madre, en mi infancia, es: "Bendigo el bien que esta situación contiene y pido que se manifieste". Puedes repetirlo mentalmente.

Comencemos la meditación...

1. Preparación:

Antes de comenzar con la meditación de gratitud, encuentra un lugar tranquilo donde puedas sentarte o acostarte cómodamente sin distracciones. Enciende una vela, incienso o cualquier otra herramienta sagrada que te ayude a crear un ambiente propicio para la práctica.

Asegúrate de que tu postura sea cómoda y que tu cuerpo esté relajado pero atento para recibir la energía de la gratitud.

Puedes cerrar suavemente los ojos para ayudarte a enfocar tu atención hacia adentro.

2. Conexión con la Respiración:

Toma unos momentos para sintonizar con tu respiración, permitiendo que cada inhalación y exhalación te traiga más conscientemente al momento presente.

Con cada inhalación, imagina que estás inhalando luz y amor, que llenan tu corazón y se expanden por todo tu ser.

Con cada exhalación, libera cualquier tensión o preocupación que puedas estar reteniendo, permitiendo que tu cuerpo y mente se relajen completamente.

3. Activación del Sentimiento de Gratitud:

Dirige tu atención hacia tu corazón y comienza a sentir la energía de la gratitud que reside dentro de ti. Recuerda momentos en tu vida por los que te sientes agradecido, ya sean grandes o pequeños. Pueden ser momentos de amor, amistad, belleza natural, logros personales o cualquier otra experiencia que te haya llenado de alegría y aprecio.

Permítete sentir profundamente el amor y la gratitud que estas experiencias te han traído. Dibuja una sonrisa en tu rostro y despierta la alegría en tu interior.

4. Expansión de la Gratitud:

Una vez que hayas activado el sentimiento de gratitud en tu corazón, comienza a expandirlo hacia todas las áreas de tu vida. Visualiza a todas las personas, experiencias y bendiciones que te rodean, y siente un profundo sentido de aprecio por todo lo que tienes. Reconoce la belleza y la abundancia que te rodea en cada momento, incluso en las pequeñas cosas de la vida que a menudo pasan desapercibidas.

5. Agradecimiento por los Desafíos:

Vamos a incluir también en la meditación de gratitud, un espacio para agradecer los desafíos y dificultades que has enfrentado en tu vida. Reconoce que cada desafío es una oportunidad de crecimiento y aprendizaje.

Agradece por las lecciones que te han enseñado, por la fortaleza y resiliencia que te han ayudado a desarrollar. Puedes enumerar mentalmente todos los aprendizajes recibidos en momentos extremos, desafíos que te han hecho salir de tu zona de confort, las virtudes y habilidades que has desarrollado gracias a ellos. Si esas experiencias no hubieran ocurrido, ese crecimiento y evolución en ti, no se hubiera producido. Recuerda que la mayoría de las experiencias que vamos a vivir en esta existencia, ya las hemos decidido antes de llegar a esta encarnación. Por lo tanto, disponemos también en nuestro interior, todas las habilidades y herramientas necesarias para enfrentarlas.

6. Cierre de gratitud por el Presente y el Futuro:

Agradece por el momento presente y por todas las maravillosas oportunidades que el futuro tiene reservadas para ti. Aunque aún no hayan llegado esos momentos lindos, están esperándote.

Confía, el universo te está guiando y apoyando en cada paso del camino. Agradece por la sabiduría, el sostén y el amor infinito, que te acompañan en todo momento, en tu viaje de vida.

Respira profundamente y suelta el aire libremente.

7. Integración de las energías:

Puedes tomarte unos minutos para anotar todo lo que sientes para integrar las nuevas energías y vibración. Escribe las situaciones por las que estás agradecida, los momentos que te hacen crecer, aumentar tu felicidad... Si lo deseas, puedes anotarlas en la sección final del libro de: "Notas Personales".

Siéntete una persona merecedora de todo lo bueno, de una vida plena y feliz.

"En la quietud de la meditación,
encuentro la fuerza
para enfrentar mis desafíos
con gracia y confianza,
sabiendo que soy apoyado
por la fuerza del universo".

7ª

<u>Guia completa.</u>

Meditación del Árbol Reiki:
Raíces en la Tierra,
Ramas en el Cielo.

Te doy la bienvenida a esta hermosa meditación del Árbol Reiki, que te proporcionará las herramientas necesarias para cultivar mayor equilibrio, fuerza y conexión espiritual con tu ser.

Esta sesión de meditación del Árbol Reiki nos ayuda a enraizarnos, nos conecta con la fortaleza y la estabilidad de la Tierra. Al mismo tiempo, nos permite elevarnos, alcanzar las alturas del cielo y conectarnos con la fuente, la energía universal vital.

Permítete fluir, viajar con tu imaginación sin límites, abrirte a tu poder interno y tu intuición.

Exploremos que regalos nos trae...

1. Preparación:

Para comenzar con la meditación del Árbol Reiki, encuentra un lugar tranquilo y agradable donde puedas sentarte o acostarte cómodamente sin distracciones. Enciende una vela, incienso o cualquier otra herramienta que te ayude a crear un ambiente propicio para la práctica.

Asegúrate de que tu postura sea cómoda, que tu cuerpo esté relajado pero alerta para recibir la energía del Árbol Reiki.

Puedes cerrar suavemente los ojos para ayudarte a enfocar tu atención hacia adentro.

2. Conexión con la Respiración:

Toma unos momentos para sintonizar con tu respiración, permitiendo que cada inhalación y exhalación te traigan más profundamente al momento presente.

Con cada inhalación, imagina que estás inhalando la fuerza, la inmensidad y la estabilidad de la Tierra.

Con cada exhalación, siente cómo tu energía se eleva hacia el cielo, conectándote con la energía universal que todo lo abarca, todo lo llena y sana.

3. Visualización del Árbol Reiki:

Visualiza un gran árbol de luz en el centro de tu ser, del tipo que quieras y más te guste. Siente como sus raíces se extienden hacia tus piernas y penetran hacia abajo en la Tierra.

Respira profundamente.

Tómate ahora tiempo para visualizar ahora las ramas, sus hojas de color verde brillante y flores aromáticas, cómo se elevan hacia arriba fundiéndose en el cielo. Tal vez imagines las hojas de colores o de algún color en particular. Da rienda suelta al poder de tu imaginación sin límites.

Este árbol sanador que ves en tu mente es tu Árbol Reiki, una manifestación de tu conexión con la Tierra y el Universo.

Siente cómo estás firmemente enraizada en la Tierra, conectada con su fuerza y estabilidad. Al mismo tiempo, alcanzas las alturas del cielo con tus ramas expandiéndose y te conectas con la fuente de energía universal sanadora.

4. Integración de las Energías:

Siente las dos energías, cómo la energía de la Tierra fluye hacia arriba a través de tus raíces, nutriendo y fortaleciendo todo tu ser. Y la energía del cielo descendiendo hacia abajo a través de tus ramas, llenando tu ser con luz y claridad. Permítete ser el puente entre el cielo y la Tierra, integrando estas energías opuestas pero complementarias en tu ser, encontrando equilibrio y armonía en el proceso.

5. Conexión con la Naturaleza:

A medida que practicas la meditación del Árbol Reiki, sintoniza con la naturaleza que te rodea, encuentra inspiración en su belleza y sabiduría ancestral.

Observa cómo los árboles se mantienen firmes y fuertes en medio de las tormentas, siendo un ejemplo de resistencia y adaptabilidad. Cómo sus raíces se extienden profundamente en la Tierra, llegando hasta lagos subterráneos, más allá de las dificultades, conectándolos con su fuente de sustento.

6. Cierre de gratitud:

Toma tres respiraciones profundas.
Durante unos minutos recuerda la fuerza y la estabilidad del Árbol Reiki en cada momento y situación que se te presenta en la vida. Integra las sensaciones y energías dentro de ti.

7. Práctica de arteterapia.

En esta meditación tan especial, te invito al finalizar a realizar un dibujo de tu Árbol Reiki, con los colores y formas que has visualizado.

Deja fluir tu creatividad, sin juzgarte. Para expresarte a través del arte, no hace falta que sea "bonito o feo".

Trabajando desde la no dualidad, permite que simplemente sea, fluya y se exprese tu arte, tus colores internos.

Puedes también escribir las palabras que se hayan venido a la mente durante la sesión, como puede ser: fortaleza, inmensidad, estabilidad, equilibrio...

"Permito que mi alma sea bañada
en la luz sanadora del universo,
disolviendo viejas heridas
y cicatrizando las partes rotas de mi ser.
Transformo la oscuridad
dentro y alrededor de mí
en luz brillante radiante.
En este espacio de alquimia espiritual,
encuentro el poder de transmutar
el sufrimiento en amor, el miedo en valentía
y la desesperación en esperanza".

8ª

<u>Guía completa.</u>

Meditación de la Ducha Reiki: Purificación y Renovación.

Hemos llegado hasta la meditación de la ducha Reiki, esta sesión es una práctica muy revitalizadora para liberarnos y llenarnos.

Nos permite aprovechar el poder purificador y luminoso del agua. Al mismo tiempo, canalizamos la energía universal de sanación, para renovar nuestra energía vital.

Es una forma poderosa de purificar y renovar tu energía vital, permitiéndote liberar cualquier tensión o negatividad y restaurar tu equilibrio interior.

La meditación de la ducha Reiki es una práctica que puedes integrarla fácilmente en tu vida diaria.

Comencemos la práctica...

1. Preparación:

Antes de comenzar con la meditación de la ducha Reiki, crea un ambiente tranquilo y relajante en tu baño. Toma unos momentos para respirar profundamente y establecer una intención para tu meditación, ya sea purificar tu energía, renovar tu vitalidad o simplemente relajarte y rejuvenecer.

2. Conexión con la Respiración:

Antes de entrar en la ducha, toma unos minutos para conectarte con tu respiración. Respira profundamente, permitiendo que el aire llene tus pulmones y revitalice tu cuerpo.

Con cada inhalación, visualiza cómo inhalas la energía vital del universo.

Con cada exhalación, libera cualquier tensión o preocupación que puedas estar reteniendo, permitiendo que tu cuerpo y mente se relajen y apacigüen completamente.

3. Activación de la Energía Reiki:

Antes de abrir el grifo de la ducha, conecta con la energía universal de sanación, siente como se va llenando tu cuerpo de luz y se activan tus manos.

Coloca tus manos sobre tu pecho o en cualquier parte de tu cuerpo que necesite sanación. Déjate guiar por tu intuición.

Cierra los ojos y visualiza una brillante luz blanca o dorada que desciende desde el universo y se posa sobre ti. Siente cómo esta energía amorosa y sanadora te va envolviendo en su cálido abrazo, llenándote de paz, amor y protección.

4. Entrada en la Ducha:

Ajusta la temperatura del agua para que esté agradable para ti.

Una vez activada la energía Reiki en tu cuerpo, entra en la ducha con una actitud de apertura y receptividad.

Siente cómo el agua va cayendo sobre tu piel, acariciándote, lavando y liberando cualquier tensión o negatividad que puedas estar reteniendo. Permítete relajarte completamente en el momento presente y entregarte al flujo purificador del agua.

5. Visualización de la Purificación:

Mientras estás bajo el agua, visualiza cómo purifica no solo tu cuerpo físico, sino también tu mente y espíritu. Imagina que cualquier preocupación, estrés o negatividad se disuelve en el agua, dejándote limpia, clara y renovada.

Siente cómo la energía Reiki trabaja en armonía con el agua para purificar tu campo energético y restaurar tu equilibrio interior en armonía.

6. Canalización de la Energía Reiki:

Enjabónate con tus manos, tocando tu cuerpo e imagina que estás canalizando la energía universal a través de tus manos hacia tu cuerpo. Tus manos y el agua van limpiando, purificando todo tu cuerpo y tu ser en todas sus dimensiones y planos de existencia.

Si sientes alguna tensión o molestia en alguna parte de tu cuerpo, coloca tus manos sobre esa área y permite que la energía Reiki fluya libremente, disolviendo cualquier bloqueo o malestar, restaurando la armonía y el equilibrio.

7. Cierre de gratitud:

Al finalizar tu meditación de la ducha Reiki, tómate un momento para agradecer al agua por su purificación y renovación.

Agradece a la energía Reiki por su amorosa presencia y su guía en tu proceso de sanación.

Siente una profunda gratitud por este momento de cuidado personal y renovación.

Interioriza y lleva dentro de ti las sensaciones agradables que has sentido: de amor, perdón, liberación, de paz, vitalidad... que has cultivado en la ducha.

"En cada respiración,

me abro a recibir

la abundancia del universo,

sabiendo que merezco todo lo bueno

que la vida tiene para ofrecerme".

9ª

Guía completa.

Meditación de Conexión con
los Guías Espirituales:
La Sabiduría
de la Guía Interna.

Te doy la bienvenida a este espacio de meditación de luz y amor, donde trabajaremos la conexión con los guías espirituales.

Vamos a abrir las puertas mágicas, para sintonizar con la sabiduría y la guía de los reinos superiores que nos rodean y acompañan en nuestro viaje. Permitiéndonos recibir orientación, apoyo y claridad en nuestro camino.

Puedes sentirlos como ángeles, maestros ascendidos, guías, incluso familiares cercanos que se encuentran ya en otro plano de existencia...

Abrámos esta puerta mágica, que nos adentra en la meditación, ¿estás preparada?

1. Preparación:

Encuentra un lugar tranquilo donde puedas sentarte o acostarte cómodamente sin distracciones. Enciende una luz suave como puede ser la de una lámpara de sal, puedes poner un poco de incienso o una música agradable para crear una atmósfera inspiradora que te ayude a interiorizar y relajarte.

Asegúrate de que tu postura sea cómoda, que tu cuerpo esté relajado pero receptivo y atento a lo que está sucediendo, preparado para recibir la sabiduría y la guía de tus guías espirituales.

Puedes cerrar suavemente los ojos para ayudarte a enfocar tu atención hacia adentro.

2. Conexión con la Respiración:

Toma unos momentos para sintonizar con tu respiración, permitiendo que cada inhalación y exhalación te traiga más conscientemente al momento presente.

Con cada inhalación, imagina que estás inhalando luz y amor que llenan tu cuerpo y tu espíritu.

Con cada exhalación, libera cualquier tensión o preocupación que puedas estar reteniendo, permitiendo que tu mente se calme, se aclare y aquiete.

3. Invocación de los Guías Espirituales:

Cierra los ojos y visualiza una luz brillante y amorosa, que desciende desde el cielo y te rodea en un cálido abrazo.

Visualiza a tus guías espirituales apareciendo frente a ti en forma de luz o de figuras bondadosas. Pueden ser ángeles, maestros ascendidos, seres de luz o cualquier otra forma de energía superior que resuene contigo.

Pídeles que te guíen, te protejan y te bendigan en tu vida y en tu camino espiritual.

4. Diálogo con los Guías Espirituales:

Una vez que hayas invocado la presencia de tus guías espirituales, tómate un momento para establecer una conexión con ellos. Puedes hacerlo mentalmente o en voz alta, expresando tu gratitud por su presencia, pidiendo su orientación y sabiduría.

Respira profundamente.

Si tienes alguna pregunta o inquietud en tu corazón, compártela con tus guías y permíteles guiarte hacia las respuestas que buscas y necesitas en tu momento presente.

5. Recepción de Mensajes:

Tómate el tiempo que necesites. Permanece en un estado de receptividad y apertura mientras recibes la orientación necesaria para enfrentar los desafíos del día a día.

Observa cualquier sensación, imagen, olor, palabra o intuición que surja en tu mente o en tu corazón.

Estos son mensajes de tus guías, que pueden ofrecerte la orientación y la claridad que buscas.

Confía en la sabiduría de tus guías y en tu intuición para interpretar estos mensajes y aplicarlos en tu vida.

Con la práctica esta conexión irá aumentando y te será cada vez más sencillo recibir su orientación.

A veces podemos percibir olores como rosas o jazmín, indicando su presencia ya activa a nuestro lado, recibiendo nuestras preguntas, consultas...

6. Cierre de gratitud:

Al finalizar la meditación, tómate un momento para expresar tu gratitud por la sabiduría, la claridad y la guía que has recibido.

Respira profundo y agradece a tus maestros espirituales, tus guardianes, ángeles, guías... por su amoroso apoyo y por estar siempre a tu lado en tu camino.

Cierra la meditación con una sonrisa amable hacia ti y toma tres respiraciones para ir volviendo de tu viaje.

Interioriza las sensaciones de paz, amor y protección que has recibido.

Espero que esta guía te inspire a abrir tu corazón y tu mente, a la sabiduría y el amor de tus guías espirituales, a confiar en su guía en cada paso del camino. Pues los veas o no, están ahí acompañándote.

7. Escritura integradora:

Escribe los mensajes, orientación que has recibido para no olvidarlos. Con la práctica, recibirás cada vez más clara la información que recibes.

"Cada sesión de meditación
con la energía universal,
me acerca más
a mi verdadera esencia
y al propósito más elevado
de mi vida".

10ª

Guía completa.

Meditación de Sanación
Global:
El Poder de la Unidad
y la Compasión.

Ya estamos llegando casi al final de nuestro libro de luz. Es precioso dedicar unos minutos del día a la meditación de sanación global para ser agentes de cambio positivo en nuestro planeta.

Mantener esta intención constantemente en nuestro corazón nos ayuda a sentir que formamos parte de algo mucho mayor que nosotros mismos. Que estamos todos unidos por una red energética invisible a los ojos. Y que la intención de uno, sumada a las intenciones de los demás suma y contribuye a crear un mundo de paz, amor y apoyo mutuo. Nos permite unirnos como seres humanos luminosos, con el don de la sanación, en un propósito común: enviar amor, luz y sanación al precioso mundo en el que vivimos y a todos sus habitantes.

Sumemos con nuestro granito de arena, ¡comencemos!...

1. Preparación:

Para comenzar con la meditación de sanación global, encuentra un lugar tranquilo donde puedas sentarte o acostarte cómodamente sin distracciones. Crea el ambiente necesario que te inspire a sumergirte en esta meditación que te ofrezco.

Asegúrate de que tu postura sea cómoda, que tu cuerpo esté relajado pero despierto para enviar amor y sanación al mundo.

Puedes cerrar suavemente los ojos para ayudarte a enfocar tu atención hacia adentro.

2. Conexión con la Respiración:

Toma varias respiraciones, profundas y relajadas, permitiendo que cada inhalación y exhalación te traigan más profundamente hacia el momento presente, el aquí y el ahora, llenándote de paz.

Con cada inhalación, imagina que estás inhalando luz y amor, que llenan tu corazón, se expanden por todo tu ser, haciendo crecer tu alma.

Con cada exhalación, libera cualquier tensión o preocupación que puedas estar reteniendo, permitiendo que tu corazón se abra, se expanda y relaje.

3. Intención de Sanación Global:

Establece una intención clara y poderosa para tu meditación de sanación global, como puede ser: enviar paz, amor, luz y sanación a nuestro planeta y a todos sus habitantes. Visualiza un mundo lleno de paz, amor y armonía, donde todos los seres vivos coexisten en unidad, apoyo, compasión y respeto.

Siente el poder y fortaleza de tu intención sincera, mientras te conectas y sumerges en el propósito de la meditación de sanación global.

4. Visualización de la Sanación:

Visualiza una enorme brillante luz blanca o dorada sanadora, que desciende desde el cielo y envuelve todo nuestro planeta en un cálido abrazo de amor, sanación, bondad y paz.

Siente cómo esta luz maravillosa se extiende por todo el mundo, disipando la oscuridad, el miedo y la separación. Llenando cada rincón con la luz del amor, la paz, la bondad, la compasión... Siente cómo tu corazón se une al corazón de la humanidad en un propósito común: sanar y transformar nuestro mundo. Hacerlo un mundo de paz y amor. La Nueva Era de Acuario ha llegado, ya es el momento.

5. Envío de Amor y Sanación:

Conéctate con el amor puro e incondicional, con la compasión que habitan en tu corazón.

Envía esta energía amorosa y sanadora al mundo y a todos sus habitantes. Venimos de paso a esta tierra, vamos entre todos a hacerla un mundo mejor.

Imagina que estás rodeando con la energía universal sanadora a todas las personas, animales, árboles, plantas y seres que habitan en el mundo, con amor y luz.

Sanando cualquier herida, dolor o sufrimiento que puedan estar experimentando.

Siente cómo tu amor se une, como una gran ola que va creciendo, al amor de millones de personas en todo el mundo. Creando una red de sanación global que abarca todo el planeta, produciendo, manifestando para siempre la sanación de todos los seres que la habitan.

Te invito a imaginar cómo sería un mundo donde no existe el mal. La Nueva Era en la que ya estamos, es la Era de la Luz.

6. Cierre y compromiso de Acción:

Al finalizar tu meditación de sanación global, respira profundamente e integra ese mundo feliz donde no existe el mal, en ti. Habita en ese mundo bello y sostenido por los buenos pensamientos y vibraciones que entre todos emitimos.

Comprométete a llevar el espíritu de amor y paz que has cultivado en tu práctica meditativa, a tu vida diaria. Busca formas de ser un agente de cambio positivo en el mundo, ya sea a través de acciones pequeñas o grandes. Recuerda que cada acto, cada granito de arena contribuye a la sanación y transformación de nuestro mundo.

Somos un inmenso puzle donde nada sobra ni falta. Todos y cada uno de nosotros somos piezas importantes e indispensables.

A ti que estás leyendo este libro. Te envío amor, te envío paz, te envío alegría en todas y cada una de tus células, te envío bondad en tu corazón, en tu alma y a todo tu alrededor, te envío que aprendas a través de todo lo bueno y no a través del sufrimiento, y que en tu mente siempre brille la luz y pensamientos positivos que te enriquezcan y sumen.

"Cuando nos sumergimos
en la meditación de celebración,
abrazamos la danza eterna
de la energía universal,
recordando
que somos parte de un todo cósmico
que nos guía inevitablemente,
hacia la plenitud,
la conexión amorosa y pacífica
con el universo".

11ª

Guía completa.

Meditación de la Celebración:
Iluminando la Vida.

Querida alma de luz, te doy la bienvenida a este espacio sagrado de meditación, donde nos vamos a despedir, honrando y celebrando la maravillosa aventura que es la vida.

En esta sesión, nos vamos a sumergir en la profundidad de nuestro ser para reconocer la belleza, la alegría y la plenitud que nos rodea, en cada instante, en cada momento y en todo lugar.

Comencemos la meditación con gozo en el corazón y en el alma...

1. Preparación:

Encuentra un lugar cómodo y agradable para sentarte o tumbarte para realizar esta meditación final.

Puedes realizar la sesión en el interior o al aire libre si lo deseas y así sentir también la energía de los elementos.

Permite que tu cuerpo y tu mente se relajen, se sumerjan en el estado de meditación.

Con cada respiración, inhala más profundamente el presente, el aquí y el ahora.

Con cada exhalación, suelta más y más las preocupaciones del pasado y del futuro.

Puedes cerrar suavemente los ojos para ayudarte a enfocar tu atención hacia adentro.

2. Llamada a la Energía Universal:

Conecta con la energía universal, visualiza cómo va descendiendo su luz hasta ti, entrando por tu coronilla, llenando todo tu cuerpo.

3. Visualización:

Siente como la luz de sanación, te envuelve y abraza en su cálida y amorosa energía brillante de luz. Visualiza como esta luz mágica emana amor, alegría y vitalidad hacia ti. La esencia misma de la vida, fluye a través de cada una de las células de tu ser.

Respira profundamente aceptando toda la energía universal que llega hasta ti. Tómate el tiempo que necesites para sentir y conectar.

Con cada inhalación, permite que la luz llene tu corazón con gratitud y aprecio por la maravilla de existir. Siente cómo cada célula de tu cuerpo se ilumina con esta energía, como va inundando todas tus profundidades, llegando hasta todos tus rincones, llenando la inmensidad de tu ser.

4. Reflexión:

En este momento de silencio y contemplación, reflexiona por unos minutos sobre las bendiciones, todo lo bueno con que la vida te ha ofrendado y siente que hay mucho más por venir.

Ahora coloca tus manos en forma de cuenco a la altura de tu vientre, cuenco que va a ser llenado con momentos felices. Tómate unos minutos para recordar los momentos de tu vida en los que has sentido gran alegría, satisfacción... los desafíos superados y las lecciones aprendidas, tu fortaleza interna para continuar caminando por el sendero de la vida. Haz un repaso mentalmente de todo lo bueno que ya tienes. Siente como tu cuenco se llena más y más, y como va pesando llenándose de bendiciones hacia ti.

Reflexiona por un momento sobre tus motivaciones, ¿qué te impulsa a seguir adelante? Puedes tomar unos minutos para anotar tus respuestas en la parte final del libro.

5. Celebración:

Con alegría y gozo en tu corazón, celebra cada respiración, cada sonrisa, cada abrazo en tu vida y la grandiosidad de tu alma.

Celebra la belleza de la naturaleza que te rodea, cada nuevo sol, cada nueva luna, los lazos de amor que nos unen con nuestros seres queridos... todo lo positivo que ya tienes en tu vida y las infinitas posibilidades que nos ofrece cada nuevo día que amanecemos para ser felices

Tus manos en forma de cuenco lleno se han llenado de infinitos tesoros. Une ahora las palmas de las manos y llévalas hasta tu corazón. Tómate unos minutos para sentir la gratitud y el gozo por todo lo bueno que ya tienes en tu vida.

Cuando hayas terminado, estira tus brazos hacia el cielo, sonríe y respira profundamente abriéndote a más vivencias bonitas y enriquecedoras que están por venir.

6. Cierre de gratitud:

Con profunda gratitud por esta experiencia de celebración, interioriza tus sensaciones, lleva contigo el recuerdo de este momento de conexión y alegría.

Que tu celebración de la vida te inspire a vivir con propósito, dicha y gratitud en cada instante que se nos otorga.

Que la luz, la felicidad y el amor que has cultivado en esta meditación te acompañen en tu viaje, recordándote siempre la belleza, la plenitud de la vida, la alegría de estar vivos.

Cuando estés preparada, suavemente abre los ojos y lleva contigo la sensación de celebración y gratitud a lo largo de tu día.

Que la alegría de vivir
siga brillando en tu corazón,
recordándote siempre
el preciado regalo
que es la vida.

"La meditación
con la energía de sanación universal,
es un recordatorio...

somos canales de luz y amor,
promoviendo la sanación en el mundo,

somos capaces de transformar,
la oscuridad en brillo
y la adversidad en crecimiento".

Consejos para una vida plena.

El viaje de la energía universal nos invita a sumergirnos en la verdad más profunda de quienes somos, a vivir desde ese lugar de autenticidad, plenitud y amor incondicional.

Al integrar la energía en nuestras vidas, podemos cultivar una sensación de conexión y plenitud que trasciende las circunstancias externas.

Para mantener viva la llama de la transformación y el crecimiento personal, aquí tienes algunos consejos para una vida plena:

- **Cultiva la gratitud.**

    Dedica tiempo cada día para reconocer y apreciar las bendiciones en tu vida, grandes y pequeñas. La gratitud abre el corazón y nutre el alma, recordándonos la abundancia que nos rodea en cada momento.

- **Practica el perdón.**

    Libérate del peso del resentimiento y el rencor. Practica el perdón, tanto hacia los demás como hacia ti mismo, es un acto de amor y liberación que te permite avanzar con ligereza y paz en tu corazón.

- **Sintoniza con la naturaleza.**

  Conéctate con el mundo natural que te rodea, ya sea dando un paseo por el bosque, sintiendo la brisa en tu piel, contemplando la belleza de una puesta de sol o caminando con tus pies descalzos sobre la hierba o la orilla del mar. La naturaleza tiene un poder sanador que puede calmar la mente y restaurar el espíritu.

- **Cuida de tu cuerpo.**

  Honra tu cuerpo como el templo sagrado que es, alimentándolo con alimentos nutritivos, practicando ejercicio regularmente, permitiéndote descansar cuando sea necesario. Escucha las señales que te envía, respóndelas con amor y amabilidad.

- <u>Cultiva relaciones significativas.</u>

    Nutre tus relaciones con amigos, familiares y seres queridos, cultivando la conexión y el apoyo mutuo. Las conexiones humanas profundas son fundamentales para una vida plena y significativa.

- <u>Abraza el cambio.</u>

    Acepta que el cambio, es una parte natural de la vida, igual que ocurren las estaciones. Cada experiencia, ya sea positiva o negativa, puede traer una gran enseñanza tras de sí y ser una oportunidad para crecer y evolucionar. Mantén una mente abierta y flexible ante las inevitables fluctuaciones de la vida.

- **Vive con intención.**

    Conscientemente elige cómo deseas vivir tu vida y qué valores deseas priorizar. Vive cada día con propósito, con valentía, siguiendo el llamado de tu corazón y contribuyendo al bienestar del mundo que te rodea.

"En cada respiración,
me abro a recibir
la abundancia del universo,
sabiendo que merezco todo lo bueno
que la vida tiene para ofrecer".

Conclusión.

Podemos reflexionar sobre el viaje transformador que hemos transitado juntos. A lo largo de estas páginas, hemos explorado la profunda conexión entre la mente, el cuerpo y el espíritu, utilizando las enseñanzas de la canalización de energía universal, como guía para la sanación y el crecimiento personal.

Cada meditación ha sido una puerta hacia la paz interior, la claridad mental y la renovación espiritual. Hemos aprendido juntos, a abrirnos a la energía universal de amor y sanación, permitiendo que fluya a través de nosotros y nos nutra en todos los niveles.

En este viaje, hemos descubierto el poder de la respiración consciente, la visualización creativa y la intención enfocada como herramientas para cultivar una vida de bienestar y plenitud. Hemos aprendido a soltar el pasado, a abrazar el presente y a confiar en el proceso de la vida.

Al final de este libro, llevamos con nosotros la sabiduría y la compasión que hemos cultivado en nuestro camino. Recordamos que la práctica no termina aquí, sino que continúa en cada momento de nuestra vida diaria, en cada interacción con nosotros mismos y con los demás.

Espero que estas meditaciones hayan sido una fuente de inspiración y apoyo en tu camino hacia la paz interior y la realización personal. Que te recuerden siempre tu capacidad innata para sanar, crecer y brillar.

Que cada día sea una nueva oportunidad para conectarte con tu verdadero ser y para vivir desde un lugar de autenticidad y gratitud. Que el camino de la autosanación y la entrega a los demás, te lleve hacia una vida de paz, alegría y plenitud.

Que así sea, así es y así será.

Despedida y agradecimientos.

Te felicito por haber llegado hasta el final de libro. Espero que las 11 guías de Meditación Reiki, hayan sido instrumentos para tu crecimiento y evolución.

Somos seres de luz viviendo una experiencia en la Tierra. Hemos venido con un propósito, con una misión individual y común. Juntos somos más fuertes, somos una luz sanadora más potente e intensa.

Permítete brillar, dar tu luz al mundo, descúbrete.

Puedes seguirme a través de las redes sociales:

Facebook: Alma de la Felicidad

Contactar conmigo si lo sientes y deseas para compartir tus experiencias al siguiente
e-mail: almadelafelicidad@gmail.com

Y si quieres apoyarme en mi trabajo, puedes escribir un comentario o poner una reseña en Amazon, con tu apoyo me ayudas mucho a seguir sumando con mi granito de arena a hacer entre todos un mundo mejor.

Otros libros publicados:

- Cuencos Tibetanos. "Magia y Poder Alquímico". Aprende a Tocar y Crear el Agua Diamantina.

Gracias

Gracias

Gracias

TUS NOTAS PERSONALES

"Ábrete a descubrir tu poder interno,
tu alquimia sagrada.
Tú tienes la capacidad de autosanarte,
sanar a los demás
y contribuir al mundo con tu luz".

Con amor y al servicio de la luz,
Virginia Cristal

Made in the USA
Las Vegas, NV
03 January 2025